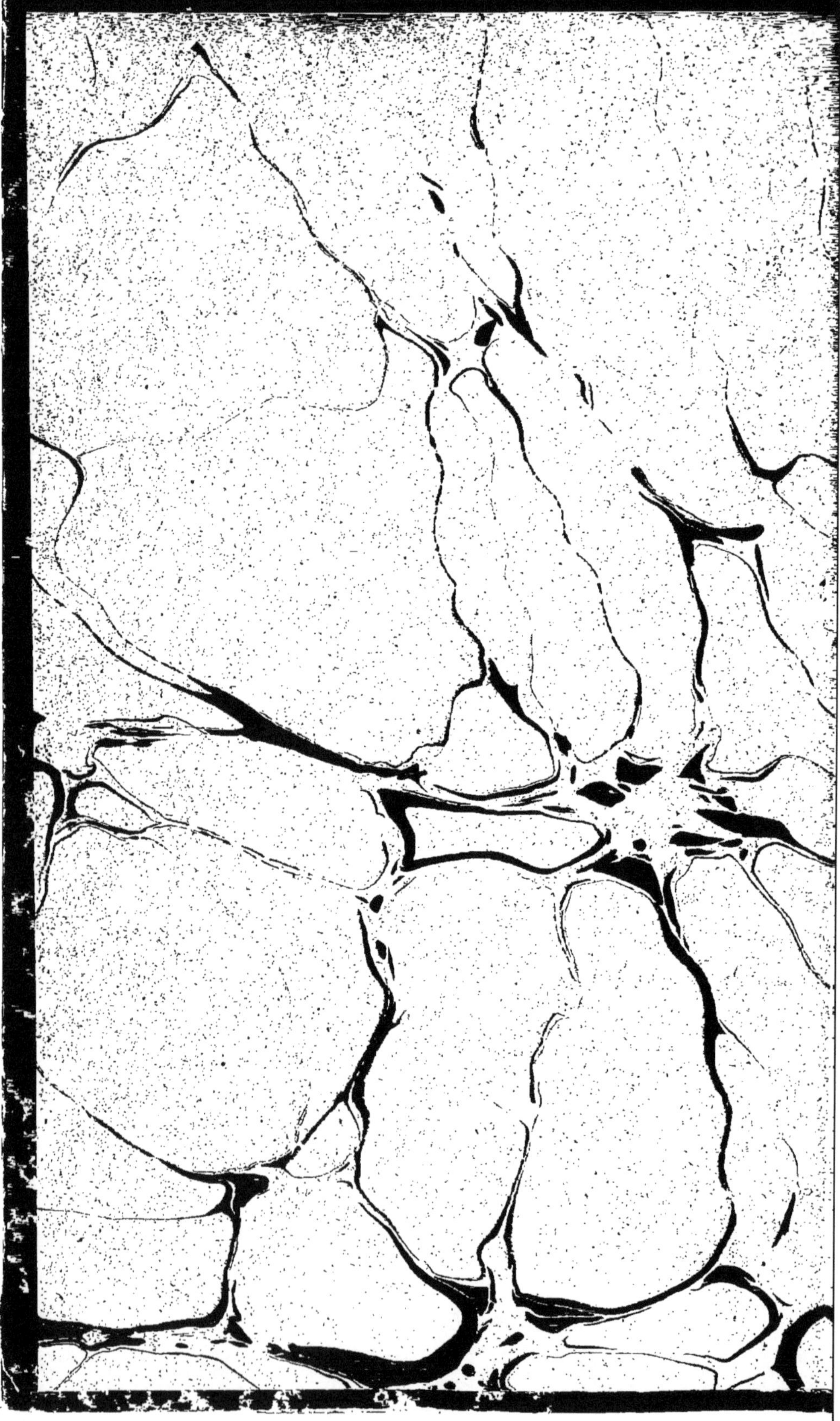

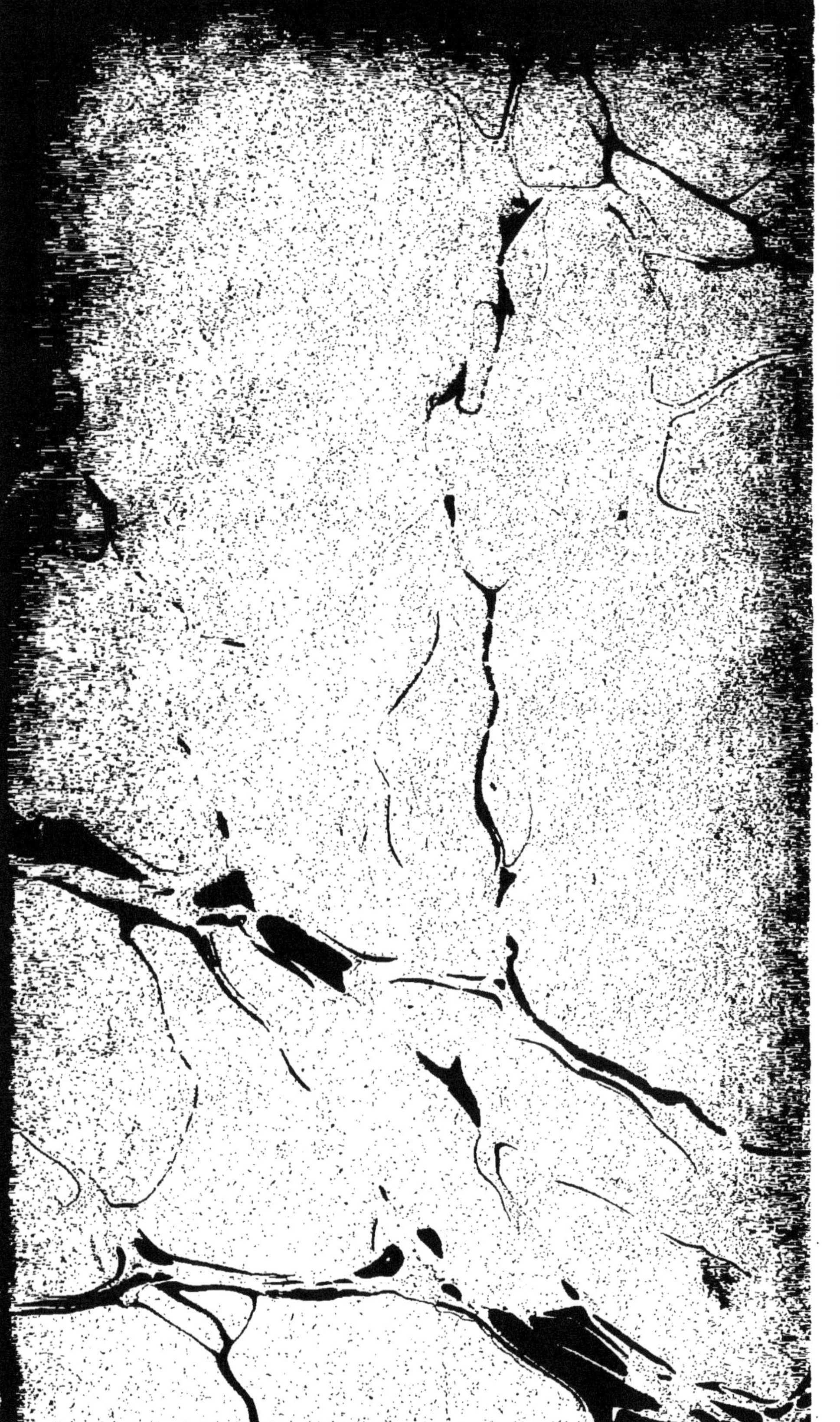

COLLECTION

DES

LIVRETS

DES

ANCIENNES EXPOSITIONS

DEPUIS 1673 JUSQU'EN 1800

SALON DE 1699

II

PARIS

LIEPMANNSSOHN ET DUFOUR

ÉDITEURS

11, rue des Saints-Pères

—

MARS 1869

EXPOSITION

DE 1699

—

II

COLLECTION

DES

LIVRETS

DES

ANCIENNES EXPOSITIONS

DEPUIS 1673 JUSQU'EN 1800

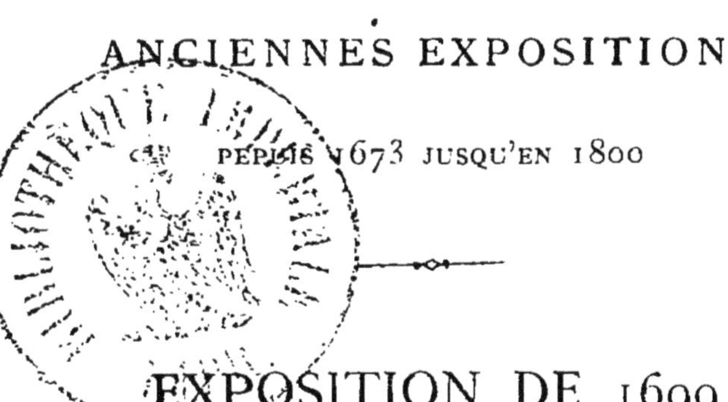

EXPOSITION DE 1699

PARIS

LIEPMANNSSOHN ET DUFOUR
ÉDITEURS
11, rue des Saints-Pères

—

MARS 1869

NOMBRE DU TIRAGE

DU LIVRET DE 1699.

400 exemplaires sur papier vergé.
 25   —   sur papier de Hollande.
 10   —   sur chine.

N°

Ce livret seul est vendu 2 fr. 5o.

NOTICE BIBLIOGRAPHIQUE.

Nous ne connaissons qu'un seul tirage du Salon de
1699. Tous les exemplaires que nous avons vus
sont identiques. Ils ont 23 pages et la permission
d'imprimer.

M. de Montaiglon, dans son *Essai de bibliographie*
sur les Salons, cite trois vues différentes de cette exposition, publiées sur ces almanachs à gravures, de mode
à cette époque. L'une de ces vues a été reproduite par
le *Magasin pittoresque*. C'est la plus exacte, ou plutôt c'est la seule exacte. Elle fait partie de l'almanach
de 1700 publié chez Langlois et Trouvain et porte
cette légende : « Exposition des ouvrages de peinture
» et de sculpture par Messieurs de l'Académie, dans
» la galerie du Louvre en septembre. » La deuxième,
publiée aussi dans un almanach de 1700 par Langlois,
porte cette devise : « Exposition des tableaux des
» peintres de l'Académie dans la grande gallerie du
» Louvre depuis le 2 jusqu'au 22 septembre 1699. »
Enfin la troisième fait partie d'un almanach de 1700
publié chez G. et F. Landry et a la légende suivante :

« La grande gallerie du Louvre ornée de tableaux des
» plus fameux peintre (*sic*) modernes pour la feste
» St-Louis par l'ordre de M. Mansart surintendant
» des bâtiments du Roi, le 2ᵉ jusqu'au 22 septembre
» 1699. »

Le Salon donna naissance à la première critique
connue des Expositions de peinture, si on peut appe-
ler l'article de Florent Le Comte une critique. C'est
plutôt une reproduction presque textuelle du livret
avec une petite préface de l'éditeur et quelques addi-
tions et observations qui ont d'ailleurs pour nous plus
d'intérêt que toutes les observations personnelles.

Cet article se trouve dans le CABINET DES SINGULA-
RITEZ *d'architecture, peinture, sculpture et gravure,
ou Introduction à la connoissance des plus beaux arts
figurez sous les Tableaux, les Statues et les Estampes,
dédié à M. Mansart par Florent le Comte, sculpteur
et peintre à Paris* (A PARIS, 1700. — Etienne Picart,
3 vol. in-12).

L'article qui nous intéresse va de la page 241 à la
page 273 du troisième volume. Il est intitulé : « Des-
» cription des Peintures, Sculptures et Estampes expo-
» sez dans la grande Gallerie du Louvre dans le mois
» de septembre 1699. » Un passage fort curieux fait
longuement l'éloge des bordures des tableaux. C'est
peut-être dans toute l'Exposition ce que l'auteur a le
plus remarqué. Voici ce singulier alinéa :

« Je diray une fois pour toutes que les bordures de
ces Tableaux en general étoient composées de moulures
si propres à recevoir les ornements dont ils étoient
enrichis que l'on ne pourroit souhaiter une plus
grande union, & que dans ce genre d'ouvrage les yeux
& l'esprit ne peuvent en demander davantage sans
s'exposer à souhaiter l'impossible; quant à la manière
dont elles sont étoffées, leur agrément ne consiste pas
seulement dans ce bel or qui brille aux yeux, mais
dans ce repos doucement interrompu par de certains

éclats de bruni sur des extremitez qui en relevent le mat avec encore plus d'avantage, & qui tire un nouveau lustre de ses fonds couverts d'un vermeil tendre, & dont le glacis agréable sert egalement à conserver l'ouvrage et à y donner tout ce qui fait plaisir à voir; mais le tout ensemble auroit été sans effet, si le sculpteur curieux de son ouvrage y eut épargné le temps nécessaire pour faire revivre par ses recherches ce que le blanc par ses différentes couches pouvoit avoir en quelque façon fait mourir. »

A part cette curieuse appréciation, nous ne relèverons dans l'article de Florent Le Comte que deux passages :

A la page 266, il appelle Vivien « le Van Dick de » son siècle pour le pastel » et cite à ce propos plusieurs tableaux de ce maître qui ne se trouvaient point à l'Exposition.

Enfin il termine sa description par un hors-d'œuvre qu'il annonce en ces termes : « Je feray suivre ici par curiosité les rares Tableaux qui ornent les grandes salles des RR. PP. Jésuites de la Maison Professe de Paris. » Cette liste occupe les quatre dernières pages de l'article.

On comprend que nous ne puissions insister de la sorte sur les critiques des Expositions qui deviendront de plus en plus multipliées à mesure que nous avancerons. Mais puisque ce doyen de tous les critiques anciens et modernes se présentait à nous, nous ne pouvions faire autrement que de lui accorder quelque attention.

Nous devons mentionner parmi les articles récents faits sur le Salon de 1699, celui du *Magasin pittoresque* qui accompagnait la gravure dont il a été question plus-haut. Voy. T. XVIII, p. 305 : « *La première* » *exposition de peinture au Louvre en* 1699. » L'auteur de cette notice ne connaissait pas l'existence du livret de 1673.

On trouvera dans la collection du *Magasin pittoresque* divers autres articles sur les expositions, depuis leur origine jusqu'aux temps modernes, dans les tomes I (p. 238), II (p. 214), et IX (p. 106, 150, 190).

LISTE

DES TABLEAUX

ET DES OUVRAGES

DE SCULPTURE

EXPOSEZ DANS LA GRANDE GALLERIE DU LOUVRE

PAR MESSIEURS LES PEINTRES ET SCULPTEURS

DE L'ACADÉMIE ROYALE,

EN LA PRÉSENTE ANNÉE 1699

A PARIS

De l'Imprimerie de JEAN-BAPTISTE COIGNARD
Imprimeur ordinaire du Roy, ruë S. Jacques
à la Bible d'or

—

M DC LXXXXIX

AVEC PERMISSION

LISTE DES TABLEAUX

OUVRAGES DE SCULPTURE

EXPOSEZ DANS LA GRANDE GALLERIE DU LOUVRE, PAR
MESSIEURS LES PEINTRES ET SCULPTEURS DE L'ACADEMIE
ROYALE EN LA PRESENTE ANNÉE 1699.

ONSIEUR Manſard, Surintendant & Ordonnateur
general des Bâtimens du Roy et Protecteur de l'Académie, ayant repreſenté à Sa Majeſté que les Peintres
& Sculpteurs de ſon Académie Royale, auroient bien
ſouhaité renouveller l'ancienne coûtume d'expoſer
leurs Ouvrages au Public pour en avoir ſon jugement,
& pour entretenir entre eux cette loüable emulation
ſi néceſſaire à l'avancement des beaux Arts, Sa Majeſté
a non ſeulement approuvé ce deſſein, mais leur a permis de faire l'expoſition de leurs Ouvrages dans la
grande Gallerie de ſon Palais du Louvre, & a voulu
qu'on leur fourniſt du garde-meuble de la Couronne,
toutes les Tapiſſeries dont ils auroient beſoin pour
orner et decorer cette ſuperbe Gallerie; mais comme
elle eſt d'une étenduë immenſe, ayant 227. toiſes de
longueur, ils ont crû n'en devoir occuper que l'eſpace
de 115. toiſes, en faiſant deux cloiſons aux deux ex-
trémitez de cet eſpace.

Sur la cloiſon de l'extremité à gauche en entrant, il

y a un grand dais de velours verd avec des grands galons & de grandes crepines d'or & d'argent, une eftrade & un tapis de pied au deffous avec deux Portraits, l'un de Sa Majefté, & l'autre de Monfeigneur, par M. *Perfon*.

Enfuite & des deux côtez de la Gallerie, font les Tapifferies des Actes des Apôtres, faites fur les Deffeins de Raphaël; & comme ces Tapifferies font d'une beauté extraordinaire, il n'y a aucuns Tableaux deffus, mais feulement des Ouvrages de Sculpture.

Sçavoir au Trumeau II. à la droite & du côté du Carroufel, font les Portraits du Roy, de la feüe Reine, & de Monfeigneur : de ces trois Portraits celuy du Roy eft de bronze; les deux autres de marbre blanc, fur leurs fcabellons auffi de marbre blanc font de M. *Coifevox*.

Au Trumeau III. eft un Bufte d'une femme de marbre blanc, fait par le mefme M. *Coifevox*.

Au Trumeau IV. eft une figure de Saturne devorant fes Enfans, elle eft de marbre blanc & faite par M. *Hurtrel*.

Aux deux côtez font deux petits Buftes de marbre blanc faits par M. *Flamen*.

Au Trumeau V. eft un Bufte d'Alexandre; dont la tefte eft de porphire & faite de fon temps, le Bufte eft d'un marbre tres-precieux, fur lequel eft une drapperie de bronze doré d'or moulu, le fcabellon eft enrichi d'ornemens de bronze doré. Le Bufte & le fcabellon font de M. *Girardon*.

Aux deux côtez de ce Bufte, font deux Vafes de bronze de deux pieds de haut; fur l'un eft le Triomphe de Venus, & fur l'autre celuy de Galathée, ils font fur deux fcabellons de marbre blanc, & ont fervi de modèle aux grands Vazes qui font dans le parc de Verfailles, faits par M. *Girardon.*

Dans l'embrazure de la croifée enfuite eft le Bufte de Monfeigneur de Louvois Miniftre d'Etat, fait par le mefme M. *Girardon.*

Dans les croifées des Trumeaux I. II. & III. font difpofez en rang les Portraits du premier & du fecond Ambaffadeur de Siam, & du Chancelier defdits Ambaffadeurs, peints par M. *Benoift.*

Du côté de la Rivière à la gauche du Dais, font les Portraits de l'Ambaffadeur, du Chancelier & du Fils du Chancelier de Mofcovie, difpofez en rang dans les croifées I. II. & III. peints par M. *Benoift.* Il y a un Chartreux, peint par le mefme.

Au Trumeau IV. font deux groupes de M. *Renaudin;* Ænée qui emporte fon pere Anchife : & l'autre, le Temps qui découvre la Verité; ce font les modèles des Groupes de marbre qu'il a fait pour Verfailles.

Au milieu du Trumeau eft une Femme couchée, faite par M. *Vighier.* Le long de la Tapifferie eft un Groupe de marbre de M. *Renaudin*, reprefentant un Jesus Enfant, avec S. Jean Baptifte.

Dans la croifée du Trumeau V. eft une grande Medaille de marbre blanc de Monfieur de Villacerf fur fon fcabellon auffi de marbre blanc, fait par M. *Girardon.*

Sur le Trumeau V. eft un groupe de bronze reprefentant un Chrift, Moïfe & S. Jean Baptifte, pofez fur une Plinte de marqueterie; ce qui fignifie l'union de l'ancien & du nouveau Teftament par la venue de J. C. Le Chrift eft de *François Flamand*, le Moïfe de *Michel Ange*, le S. Jean de M. *Girardon.*

Vis à vis & au milieu de la Gallerie, eft la ftatuë Equeftre du Roy, faite de bronze, de trois pieds deux poulces de haut. Elle eft montée fur un piedeftal foûtenu de quatre Thermes, avec plufieurs Trophées.

Dans le même endroit, & prés de ladite Statuë Equeftre, eft un Grouppe de bronze du raviffement de Proferpine, de trois pieds trois poulces de haut, lequel a fervi de modele pour le grand Groupe de marbre qui eft placé à Verfailles dans la Colomnade, fait par M. *Girardon*.

Pour proceder avec plus d'ordre dans la defcription de ces Tableaux, nous commencerons par la façade du côté du Carroufel par le Trumeau VI. qui eft orné des Tableaux de M. *Coipel pere*. Sçavoir,

Son Portrait & fa Famille en un mefme Tableau.

Hercule facrifiant à Jupiter après fes victoires.

Hercule deifié, ou l'apotheofe d'Hercule.

Hercule reprochant à Junon les maux qu'elle luy a caufez par fa jaloufie.

Le Centaure Neffe & Dejanire.

Hercule domptant Acheloüs.

Un Chrift confolé par l'Ange au mont des Olives.

Et à côté font quatre petits Tableaux.

Solon foûtenant fes lois contre les objections des Atheniens.

Alexandre Severe qui fait diftribuer du bled au peuple de Rome, en un temps de difette.

Ptolomée Philadelphe qui donne la liberté aux Juifs par reconnoiffance de la traduction de la Loy hebraïque par les Septante.

Trajan Empereur donnant des Audiences publiques à toutes les Nations qui fe trouvoient alors à Rome.

Ces quatre Tableaux ont efté executez en grand pour le Roy, & font à Verfailles.

Les fujets d'Hercule font faits pour Trianon.

Le Trumeau VI. qui luy eft oppofé, eftant encore orné des Tableaux dudit fieur *Coipel*, on a crû qu'il eftoit à propos de n'en faire qu'un article.

La Sainte Famille. Un Chrift & une Vierge en regard avec des Cherubins. Un grand Crucifix dans le milieu avec des Anges. Le Tableau qu'il a fait pour Nôtre-Dame en petit. Agar avec fon petit enfant confolée par l'Ange. Dejanire qui envoye à Hercule par Licas, la chemife empoifonnée par le Centaure Neffe, Zephire & Flore.

Dans le Trumeau marqué VII. font huit Tableaux de M. *Montagne*.

Le Portrait de M. Geoffroy ancien Efchevin.

S. Paul dans la prifon avec Silas.

Une Affomption.

Un petit rond qui reprefente la vocation de faint Jean & de faint Jacques freres.

Un S. Luc.

Un platfonds qui reprefente Hercule, à qui Junon donne à têter.

Deux Portraits.

Trois Tableaux de M. *Vernanfal*.

Une Samaritaine.

Une fainte Famille.

Le reniement de S. Pierre.

Dans les deux Trumeaux VIII. oppofez l'un à l'autre, font ... Tableaux de M. *Boulogne l'aîné*.

Sçavoir dans celuy du côté du Carroufel.

Un grand Portrait de Madame la Ducheffe d'Aumont, avec la fille de Madame la Ducheffe d'Humieres.

Jephté accourant au devant de fon Pere, aprés fa victoire.

Sainte Cecile.

Une jeune fille qui veut rattraper un oifeau envolé.

Galathée fur les eaux.

Un Corps de Garde où des Soldats joüent.

La Difeufe de bonne avanture.

Une jeune fille qui cherche les puces à une autre.

Au Trumeau VIII. du côté de la Riviere.

Le Sacrifice d'Iphigenie, grand Tableau.

Une Vierge.

Le Triomphe de Neptune.

L'éducation de Jupiter par les Coribantes.

Dans le Trumeau IX.

Huit Tableaux de M. *Corneille*.

Sainte Genevieve.

Afpafie femme fçavante, qui difpute chez Pericles avec les plus Sçavans d'Athenes.

Apollon fe couchant dans le fein de Thetis.

S. François ravi en extafe.

La Barque de S. Pierre.

Venus fur les eaux.

Un Chrift au Jardin des Olives.

Un Tableau où font deux femmes dormantes.

Le Portrait de M. le Marquis de Liancourt en pied, par M. *de Largilliere*.

Dans le Trumeau X. eft le grand Tableau de Meffieurs de Ville, peint par M. *de Largilliere*.

Aux deux côtez, font deux Tableaux de fleurs, par M. *de Fontenay*.

Deux petits Païſages de M. *Foreſt*.

Dans le Trumeau XI. où eſt la porte par où l'on entre, font :

Un Tableau de Gibier mort, par M. *Deſportes*.

Clelie Dame Romaine qui paſſe le Tibre; par M. *Paillet*.

Un païſage de M. *Verſelin*.

Tableaux de fleurs & fruits de Meſſieurs *Huilliot* & *Bodeſſon*.

Le Portrait de Monſieur l'Abbé de Lionne, peint par M. *Jouvenet*.

Dans le Trumeau XII. sont 9. Tableaux de M. *Blanchard*.

Un S. Jerôme.

Un S. Jean.

Une ſainte Famille.

Une Magdeleine.

Une deſcente de Croix.

Un S. Jerôme.

Deux ſaintes Familles.

Une petite Magdeleine au milieu.

Dans le Trumeau XIII. font quatre Tableaux de M. *Paillet*.

Eſther paſmée devant Aſſuerus.

Deux ſujets de Renaud & Armide.

Une ſainte Famille en cintre, dont le Tableau eſt executé en grand dans Noſtre-Dame.

Dans le Trumeau XIV. font quatre Tableaux de M. *Paillet*.

Arthemiſe combatant ſur les Vaiſſeaux de Xerxes.

Une Nativité de Noftre Seigneur.

La Spofalite.

Un Ange couronnant de fleurs les teftes de Sainte Cecile & de Valere fon mary.

Deux Tableaux de M. *Boulogne le jeune.*

Marthe & Madeleine aux pieds de Noftre Seigneur.

Un Crucifix.

Dans les Trumeaux XV. oppofés l'un à l'autre, font quatre Tableaux de M. *Jouvenet*, fçavoir au Trumeau du cofté du Carroufel :

Noftre-Seigneur qui chaffe les vendeurs du Temple.

Une Defcente de la Croix.

Venus & Vulcain.

L'Adoration des trois Rois.

Deux portraits de M. *de Largilliere.*

M. Rotier Graveur general des monnoyes de France.

Madame fa femme.

En l'autre Trumeau font quatre Tableaux de M. *Jouvenet*. Le Sacrifice d'Iphigenie. Le Mariage de la Vierge. La Madeleine aux pieds de Noftre-Seigneur chez le Pharifien. Marthe & Madeleine aux pieds de Noftre-Seigneur.

Dans le Trumeau XVI. font deux Tableaux de M. *Coipel fils*, dont l'un reprefente la mort de Jesvs-Christ crucifié, & les terribles effets que fa mort caufa dans la Nature.

L'autre reprefente,

Jephté que l'on va facrifier.

Au deffus font trois Portraits de M. *de Largilliere.*

M. Lambert de Torigny.

Madame Lambert.

M. Lambert leur fils Prefident des Enquêtes.

Dans le Trumeau XVII. trois Tableaux de M. *Coipel fils.*

Le Jugement de Salomon.

Le fils de Tobie appliquant le fiel du poiffon aux yeux de fon Pere.

Moïfe trouvé fur les eaux.

Trois Portraits de M. *de Troy.*

Les Demoifelles Loifon fœurs.

Au milieu.

Madamoifelle Moreau & fon frere en un mefme tableau.

Dans le Trumeau XVIII. font deux Tableaux de M. *Coipel fils.*

Athalie ou Joas enfant reconnu & mis fur le Throne.

L'accufation de Sufanne.

Au deffus font trois Portraits de M. *de Troy.*

M. Godin.

Madame Godin.

M. le Verrier dans le milieu.

Dans les croifées des Trumeaux, XVIII. & XIX. il y a des Portraits de M. *Garnier l'Allemand*, et un Moïfe trouvé fur les eaux, de M. *Vignon l'aîné.*

Dans le Trumeau XIX. fix Portraits de M. *de Troy.*

Dans le rang d'en bas un Païfage de M. *Herault.*

M. le Prefident Rofe, Secretaire du Cabinet du Roy.

Madame la Marquife d'Hauteville au milieu.

Dans le rang d'en haut.

M. le Marquis de Boude.

M. le Comte de Gaffion à la gauche.

Madamoiſelle Patoulet dans le milieu.

Dans le Trumeau XX. ſept Tableaux de M. *de la Foſſe*.

Abigail aux pieds de David.

L'adieu d'Heƈtor & d'Andromaque.

Le mariage de la Vierge.

Le mariage d'Adam & Eve dans le Paradis terreſtre.

Polipheme qui terraſſe d'un rocher Acis ſon rival.

Loth avec ſes filles.

La naiſſance de Minerve du cerveau de Jupiter en platfonds.

Dans le Trumeau XXI. ſont deux figures de M. *Raon* ſur leurs ſcabellons.

Apollon.

La Vigilance.

Au milieu de la Gallerie vis-à-vis le Trumeau XXI. eſt un Groupe d'Adam & Eve, par M. *Renaudin*.

Dans le Trumeau XX. en retrogradant pour reprendre noſtre deſcription par la façade du coſté de la riviere, ſont trois Tableaux de M. *Hallé*.

S. Jean qui communie la Vierge.

Noé ſacrifiant au Seigneur aprés le deluge.

Vulcain qui ſurprend Mars & Venus.

Deux ſujets de M. *Monier* traitez differemment, repréſentans

Noſtre-Seigneur avec ſes Apoſtres qui appelle à luy les petits enfans.

Deux Portraits de femme par M. *de Troy*.

Madame Gabriel.

Madame Guyot.

Dans le Trumeau marqué XIX. ſont neuf Tableaux de M. *de Troy*.

Un grand Tableau reprefentant Madame la Ducheffe d'Elbeuf & les Princeffes fes filles.

Madame le Gendre.

Madame Crozat.

Madamoifelle Maffon.

Le Rd. Pere Bertin Minime.

M. Doujat dans un ovale.

M. Arlaud Peintre en miniature.

M. Theobaldo joüant de la Viole.

Mezetin.

Au Trumeau XVIII. font quatre Tableaux de M. *Perfon*.

Tobie recouvrant la veüe après qu'on eut appliqué à fes yeux le fiel du poiffon.

L'Ivreffe de Loth & fes filles.

L'adoration des trois Rois.

S. Guillaume Duc d'Aquitaine.

Un Païfage de M. *Foreft*.

Un Païfage de M. *Herault*.

Au Trumeau XVII. font quatre Tableaux de M. *Coipel le fils*.

Pfiché & l'Amour.

Venus qui donne les armes à Ænée.

La Ceinture de Venus.

Le portrait de M. Coipel en attitude de peindre.

Au rang d'en haut.

Le portrait de M. *de la Mare Richard* peint par luy-mefme.

Deux Tableaux de M. *Friquet de Vauroʒe*.

Les filles de Jethro.

Marthe & Madeleine aux pieds de Noftre-Seigneur.

Dans le Trumeau XVI. fept Tableaux de M. *Colombel*.

La Madeleine aux pieds de Noſtre-Seigneur chez le Phariſien.

Pſiché & l'Amour.

Atalante & Hippomène.

Noli me tangere.

Retour de chaſſe de Diane.

Noſtre-Seigneur qui chaſſe les vendeurs du Temple.

Noſtre-Seigneur guériſſant les Aveugles.

Le Trumeau XV. a eſté ſpécifié dans l'article des Tableaux de M. *Jouvenet.*

Dans le Trumeau XIV. ſont onze Tableaux de M. *Boulogne le jeune.*

Joſeph vendu aux Iſmaelites.

Le portrait de M. Langlois.

Le portrait de M. Gabriel, Treſorier des baſtimens.

Galathée ſur les eaux.

Le Rapt de Proſerpine.

Zephire & Flore.

Pſiché & l'Amour.

La Terre avec les Divinités terreſtres.

Junon qui commande à Æole de lâcher les vents pour diſperſer la flote d'Ænée.

Le Jugement de Parîs.

L'adoration du veau d'or.

Le Jugement de Salomon.

Dans le Trumeau XIII. ſont ſeize Tableaux de M. *Parroſſel.*

Païſages.

Sieges de ville.

Marches.

Corps-de-garde où des ſoldats jouent.

Un Chriſt, une Vierge, &c.

Dans le Trumeau XII. Une grande Samaritaine par M. *Friquet de Vauroʒe*.

Deux portraits de MM. Lallemand & Verſelin.

Trois Tableaux de M. *Guillebault*.

Le rapt des Sabines.

L'adoration du veau d'or.

Rebecca qui reçoit les preſens de la part d'Abraham.

Dans le Trumeau XI.

Le portrait de M. de Monbron Gouverneur de Cambray, par M. *De Largilliere*.

Le portrait de M. *Deſportes* peint par luy-meſme avec du gibier mort à ſes pieds.

De l'autre coſté un grand Tableau de fleurs, fruits & vazes avec un More, peint par M. *de Fontenay*.

Trois Tableaux de fleurs & fruits, par le meſme M. *de Fontenay*.

Deux petits Païſages où ſont quelques animaux terreſtres & aquatiques, par M. *Deſportes*.

Dans le Trumeau X. ſont cinq Tableaux de M. *de Largilliere*.

S. Pierre, par M. *de Largilliere*.

M. Aubry Maiſtre des Comptes.

Madamoiſelle Iſolis.

M. de la Toüane Treſorier de l'Extraordinaire des Guerres.

M. de la Roüe.

Quatre Tableaux de M. *Alexandre*.

Vne Vieille qui porte un billet à une jeune fille qui joüe de la viole.

La naiſſance de Venus.

La naiſſance de Bacchus.

Bacchus & Ariadne.

Dans le Trumeau IX. font cinq portraits de Mademoiselle *Cheron* dans le rang d'en haut.

Son portrait.

Le portrait de fa fœur.

Madamoifelle Belo.

M. Morel de la Mufique du Roy.

La fçavante Madame Dacier.

dans le rang du milieu.

Quatre Païfages de M. *Armand.*

Un de M. *Beville.*

Trois enfans fur des nuées par M. *l'Allemand.*

Une femme qui joue du tambour de bafque par M. *Alexandre.*

Dans le rang d'en bas.

Trois Tableaux de fleurs de M. *Huilliot.*

Une femme en paftel.

Un Tableau de fleurs.

par M. *Garnier.*

Le Trumeau VIII. a efté fpécifié en parlant des Tableaux de M. *Boulogne l'aîné.*

Dans le Trumeau VII. neuf Tableaux de M. *Boüis.*

Monfeigneur la Forge General des Mathurins.

M. Defpreaux Boileau celebre Poëte.

M. Du Pourroy Confeiller au Parlement de Grenoble.

M. Ferme l'Huis.

M. Bernard.

Madame Penon & fa fille en un mefme Tableau.

Dom Tiffu Chartreux.

M. La Barre ordinaire de l'Academie de Mufique.

M. de Troy le fils.

Le Trumeau VI. a efté specifié en l'article des Tableaux de M. *Coipel* le pere.

Dans l'embrazure de la feneftre qui eft entre les Trumeaux marqués IX. & VIII. font appofées

Cinq Eſtampes gravées par M. *Picart.*

Une Reſurrection de M. *Vignon l'aîné.*

Dans la façade du coſté de l'eau dans la croiſée qui eſt entre les Trumeaux X. & IX. ſont ſix Eſtampes gravées par le ſieur *Edelinck.*

Dans la croiſée qui eſt entre les Trumeaux X. & XI. du coſté de l'eau, ſont quatre Eſtampes dont deux gravées par M. *Vallet* en haut, les deux en bas par M. *Maſſon.*

Dans la croiſée qui eſt entre les Trumeaux XI. & XII. ſont ſix Eſtampes gravées par M. *Vallet.*

Du coſté du Carrouſel dans la croiſée qui eſt entre les Trumeaux X. & XI. quatre Eſtampes par M. *Vallet.*

Dans la croiſée qui eſt entre les Trumeaux X. & IX. ſont les quatre Elemens de l'Albane gravées par M. *Baudet.*

Enſuite de ces Tableaux, & vers le fonds de la gallerie, ſe voit des deux coſtés l'hiſtoire de Scipion, faite en tapiſſerie d'aprés Jules Romain; il n'y a aucuns Tableaux ſur cette Tapiſſerie à cauſe de ſon extrême beauté.

Au bout & ſur la cloiſon qui ferme l'étendüe de la dite Gallerie eſt le portrait de M. Manſart Surintendant & Ordonateur General des bâtimens du Roy, peint par M. *de Troy.*

Le tout décoré par les ſoins de Monſieur
HÉRAULT.

———

PERMISSION

Permis d'imprimer. Fait ce 4 Septembre 1699.
M. R. D'ARGENSON.

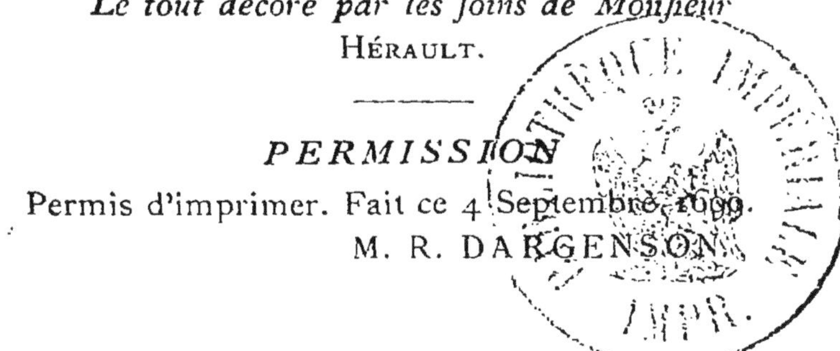

Nogent-le-Rotrou, Imprimerie de A. Gouverneur.

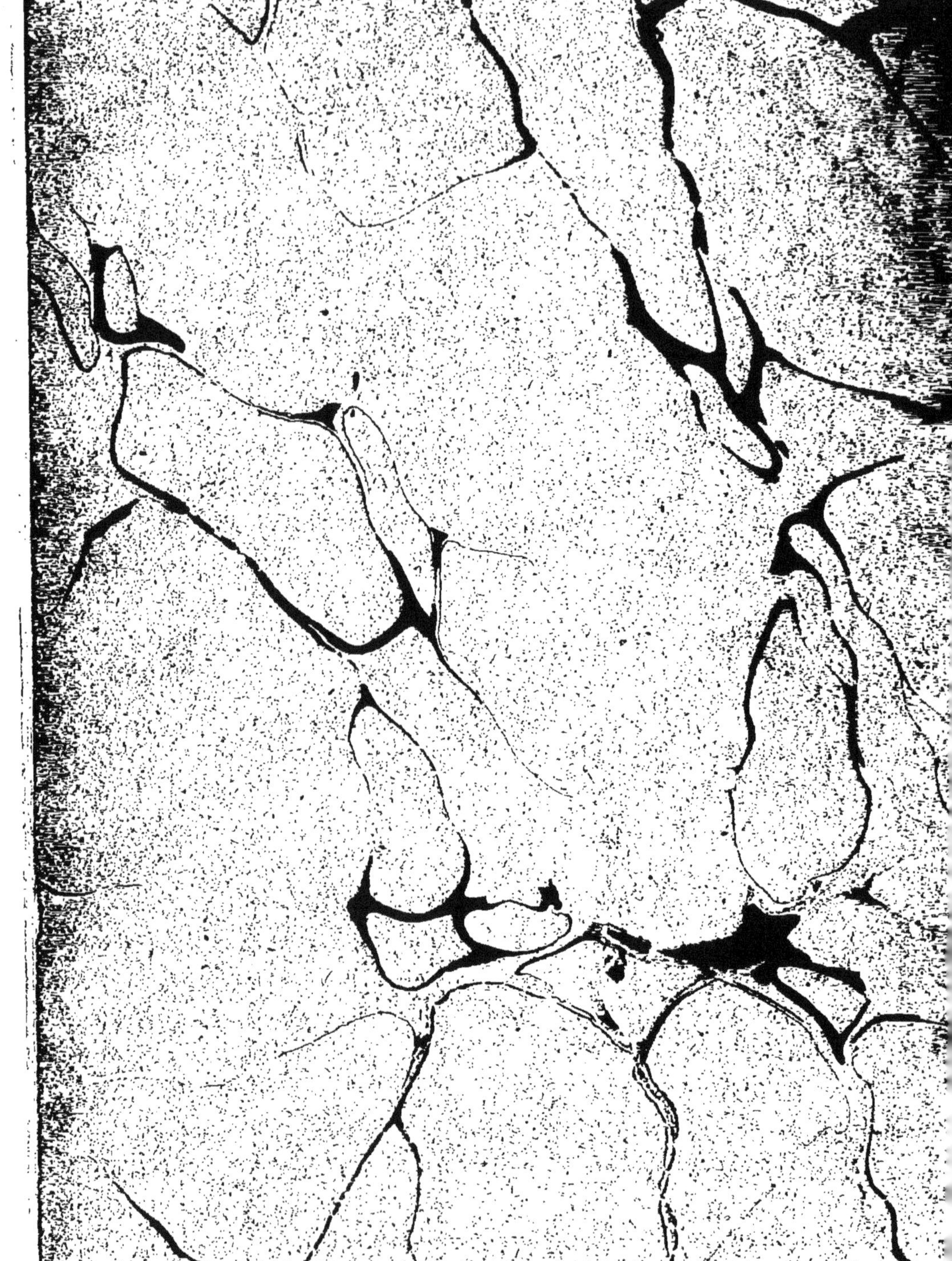

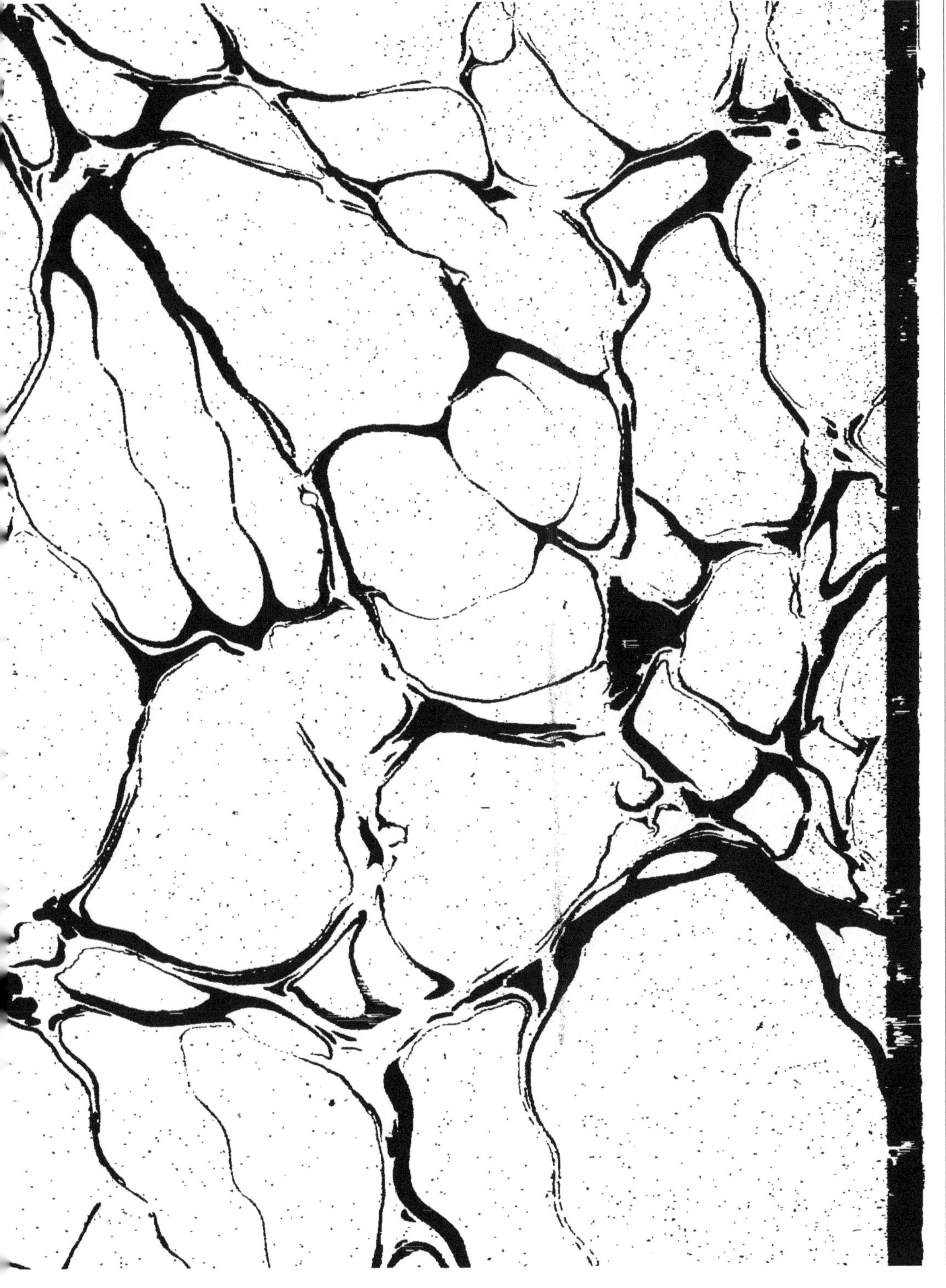